„Für die Menschheit, möge die Erkenntnis euer Innerstes bewegen."

„Gott ist unerschaffen, hat keinen Ursprung und ist unabhängig von äußeren Ursachen. Er ist die Quelle allen Seins, existiert zeitlos und ewig, außerhalb von Raum und Zeit. Während alles Geschaffene eine Ursache hat, ist Gott die notwendige Ursache, die keiner Ursache bedarf. Als höchstes und notwendiges Sein kann Gott nicht erschaffen werden, da er der Ursprung aller Existenz ist."

Dennis Hans Ladener

Meisterstück

Ein Schlüssel zur Erleuchtung

Freidenker

1. Auflage
© 2025 Dennis Hans Ladener
(dladener@googlemail.com)

Alle Rechte vorbehalten, insbesondere das Recht auf Vervielfältigung und Verbreitung sowie Übersetzung. Kein Teil dieses Buches darf in irgendeiner Form ohne schriftliche Genehmigung des Autors reproduziert oder unter Verwendung elektronischer Systeme verarbeitet, vervielfältigt bzw. verbreitet werden.

Verlag: BoD · Books on Demand GmbH, In de Tarpen 42, 22848 Norderstedt, bod@bod.de
Druck: Libri Plureos GmbH, Friedensallee 273, 22763 Hamburg

ISBN: 978-3-7597-7813-0

Dennis Hans Ladener,
geboren am 11. Mai 1990 in Köln,
ist ein deutscher Philosoph, Freidenker und kritischer
Geist. Nachdem er seine Ausbildung zur Fachkraft
für Schutz und Sicherheit abgeschlossen hatte,
wandte er sich im Alter von 21 Jahren der Philosophie
zu. Angeregt durch die Werke Arthur Schopenhauers,
begann er, die Welt aus neuen Perspektiven zu
betrachten und sich intensiv mit den grundlegenden
Fragen des menschlichen Daseins auseinander-
zusetzen.

Ladeners Denken ist geprägt von einem unstillbaren
Wissensdurst und dem Drang, komplexe Zusammen-
hänge zu ergründen. Sein Interesse reicht von den
tiefen philosophischen Fragen bis hin zu alternativen
Sichtweisen auf gesellschaftliche Ereignisse, die oft
als "Verschwörungstheorien" bezeichnet werden.
In beidem sieht er die Möglichkeit, gängige
Überzeugungen herauszufordern und neue Wege
des Denkens zu eröffnen.

Seine Arbeit zielt darauf ab, schwer zugängliche
Themen für eine breitere Öffentlichkeit verständlich
zu machen. Ladener ermutigt seine Leser, über die
Oberflächlichkeit des Alltags hinauszudenken und
die Welt mit einem kritischeren und wacheren Geist
zu betrachten. Als Freigeist und Systemkritiker
hinterfragt er unermüdlich die Strukturen und Normen
der modernen Gesellschaft, stets auf der Suche nach
tieferen Wahrheiten.

Inhaltsverzeichnis

Warum ist überhaupt etwas und nicht vielmehr nichts?
Seite 14

Was ist Gott?
Seite 16

Ich bin, aber was bin ich?
Seite 18

Der Demiurg
Seite 20

Falscher Glaube?
Seite 22

Der Demiurg und seine Schöpfung
Seite 24

Der tiefere Sinn des Demiurg
Seite 26

Eine Welt ohne Leid
Seite 28

Zeit
Seite 31

Brahman, Atman und der Schleier der Maya
Seite 34

**Die Sprache des
göttlichen Bewusstseins**
Seite 39

Die Stimme der Schöpfung
Seite 42

Erkenntnistheorie
Seite 46

**Die Erkenntnis des
göttlichen Bewusstseins**
Seite 49

Freier Wille
Seite 53

Die Illusion des Ichs
Seite 56

Die Welt der Träume
Seite 59

Der Tod
Seite 62

Die ewige Wahrheit des Seins
Seite 65

Moderne
Seite 68

Vorwort

Dieses wahrhaftige Meisterstück eines philosophischen Werkes wird Ihnen eine allumfassende, überweltliche Erkenntnis liefern, die so nah an die wahrste aller Wahrheiten heranreicht, wie es einem menschlichen Verstand zu Lebzeiten überhaupt denkbar möglich ist. Es führt Sie auf eine Reise zu den höchsten Gipfeln der Weisheit, wo die Grenzen des Bekannten und Unbekannten sich in einer perfekten Harmonie vereinen. Die Worte, die in diesen Seiten niedergeschrieben wurden, sind nicht nur eine bloße Abfolge von Zeichen und Lauten. Sie sind Träger einer Wahrheit, die weit über das hinausgeht, was Ihr alltäglicher Verstand fassen kann. Berücksichtigen Sie jedoch, dass die menschliche Sprache leider nur äußerst eingeschränkt dazu geeignet ist, diese höchste aller Ebenen geistiger Offenbarung in ihrer vollkommenen, blütenreichen Pracht zur Entfaltung zu bringen. Der bloße Versuch, die Worte lediglich zu verstehen, reicht längst nicht aus, um wahre Erkenntnis zu erlangen.
Die Bedeutung liegt nicht nur im Wort, sondern in der Stille zwischen den Zeilen, in der ungesagten Weisheit, die im Raum der Vorstellung gedeiht.

Einleitung

Was, wenn alles, was Sie über die Welt zu wissen glauben, nicht mehr als eine Illusion ist? Was, wenn die Realität, wie wir sie wahrnehmen, nur ein Schatten dessen ist, was wirklich existiert? Diese Fragen mögen zunächst abstrakt erscheinen, doch sie berühren den Kern unseres Daseins. Sie zwingen uns, innezuhalten und die Welt – und uns selbst – neu zu betrachten.

Die menschliche Erfahrung ist geprägt von scheinbaren Gegensätzen: Licht und Dunkelheit, Freude und Leid, Leben und Tod. Wir erleben die Welt als getrennt von uns selbst, als etwas Äußeres, das wir beobachten, interpretieren und formen. Doch was, wenn diese Trennung nur eine Illusion ist? Was, wenn wir nicht bloß ein Teil des Ganzen sind, sondern das Ganze selbst?

Dieses Buch lädt Sie ein, die gewohnten Pfade zu verlassen und den Schleier der Illusion zu hinterfragen. Es geht nicht darum, einfache Antworten zu finden, sondern die fundamentalen Fragen des Lebens zu stellen:

Warum gibt es etwas und nicht vielmehr nichts?

Was ist das wahre Wesen der Realität?

Und wie können wir die Einheit erkennen, die hinter der scheinbaren Vielfalt verborgen liegt?

Die Antworten, die Sie suchen, liegen nicht in der äußeren Welt. Sie sind in Ihnen. In der Tiefe Ihres Wesens, jenseits von Gedanken, Gefühlen und Identitäten, verbirgt sich eine Wahrheit, die nicht in Worte gefasst werden kann. Sie ist weder räumlich noch zeitlich, sondern die Essenz allen Seins – das ungeteilte Bewusstsein, aus dem alles hervorgeht.

Doch diese Reise ist nicht einfach. Sie erfordert Mut, die Illusionen, an denen wir so festhalten, loszulassen. Sie erfordert Offenheit, die eigene Perspektive zu hinterfragen, und die Bereitschaft, sich auf das Unbekannte einzulassen. Das Ziel ist nicht, eine neue Wahrheit zu finden, sondern zu erkennen, dass Sie selbst die Wahrheit sind – verborgen hinter dem Schleier der Wahrnehmung.

Dieses Buch ist kein Lehrbuch, keine Gebrauchsanweisung. Es ist eine Einladung. Eine Einladung, sich auf eine Reise zu begeben, die nicht von einem Ort zum anderen führt, sondern zurück zu dem, was Sie immer schon waren. Es ist eine Reise nach innen, zu Ihrer eigenen Essenz – zu dem, was ewig, zeitlos und unendlich ist.

Mögen Sie den Mut haben, diese Reise anzutreten. Mögen Sie die Fragen zulassen, die Ihr Innerstes bewegen, und den Raum schaffen, in dem die Antworten aufsteigen können. Denn am Ende ist die Wahrheit nicht etwas, das Sie finden – es ist etwas, das Sie erkennen.

„Die Suche nach der Wahrheit ist kein Blick nach außen, sondern ein Erwachen zu dem, was immer in Ihnen geschlummert hat: der unendlichen Essenz des Seins."

Warum ist überhaupt etwas und nicht vielmehr nichts?

Der Verwunderung über die offensichtliche Tatsache der Existenz folgt unmittelbar die intuitive Frage, warum überhaupt etwas ist und nicht einfach nur nichts. Doch kann ein allumfassendes, vollkommen reines Nichts überhaupt existieren – ein absoluter Zustand völliger Abwesenheit allen Seins? Schließlich beweist uns die große, weite Welt nach dem Erwachen aus dem nächtlichen Schlaf unmissverständlich, dass sie zweifellos da ist.

Wenn es jedoch nachweislich bereits etwas gibt, kann es folglich zu keinem möglichen Zeitpunkt jemals einen Zustand einer absoluten Nichtexistenz gegeben haben. Es muss daher etwas völlig Ursprüngliches geben, eine Kraft, aus welcher alles entstammt, selbst jedoch keiner eigenen Ursache bedarf.

Diese Kraft ist unerschaffen und unzerstörbar, sie ist die Quelle allen Seins. Alles, was existiert, kommt von ihr und ist in ihr. Sie ist die Grundlage und der Ursprung allen Lebens, und ohne sie gäbe es weder Anfang noch Ziel, weder Sinn noch Existenz.

„Wir nennen diese Kraft Gott."

Alles, was existiert, hat eine Ursache, doch Gott selbst ist die Ursache, die keiner Ursache bedarf.

Alles, was ist, ist in Gott und stammt aus Ihm. Die Welt selbst ist ein Werk Gottes, und nichts entsteht ohne Seine Schöpfungskraft. Er ist der Ursprung allen Lebens und die Quelle allen Seins. Ohne den Willen und die Macht Gottes gäbe es keinen Anfang, keinen Zweck und keine Wahrheit. Alles, was wir kennen, hat seinen Ursprung in Ihm und findet in Ihm seine Erfüllung.

Gott ist das einzige Wesen, das selbst nicht erschaffen wurde, und alles andere entsteht durch Ihn. Ohne Seine Gegenwart gäbe es weder Ursprung noch Vollendung. Alles Leben, alles Sein, alles, was wir erfahren, ist eine Schöpfung Gottes, und ohne Ihn hätte nichts einen Grund zur Existenz. Der Ursprung der gesamten Schöpfung liegt in Ihm, und Ihm allein gehört die Ewigkeit.

Was ist Gott?

Gottes Wesen ist weder physisch, noch räumlich, noch zeitlich oder vergänglich; es steht über allem und ist die reinste sowie ursprünglichste Form des Seins.

Gott = Sein

Gott ist das erste und einzige wahre Gesetz aller Dinge, eine unentbehrliche, unleugbare Kraft, die sein muss, damit "Sein" kann.

Sein = Reines, allumfassendes Bewusstsein

In der Stille, jenseits von Gedanken und Formen, jenseits von Raum und Zeit, offenbart sich das wahre Wesen des Seins: das reine, allumfassende Bewusstsein. Es ist weder begrenzt noch greifbar, weder Anfang noch Ende.
Es ist die Quelle, aus der alles hervorgeht, und der Grund, in den alles zurückkehrt.

Dieses Bewusstsein ist die Essenz des Daseins selbst – eine stille, unermessliche Präsenz, die alles durchdringt. Es erfüllt das Universum und findet Ausdruck in jedem Aspekt der Schöpfung: im sanften Hauch des Windes, im Licht der Sterne, im Rhythmus eines Herzschlags.

Zu erkennen, dass dieses Bewusstsein auch in
uns selbst lebt, ist wahre Gnosis – das innere
Wissen, dass wir nicht getrennt sind, sondern
untrennbar mit dem unendlichen Sein verbunden.
Es ist die Einsicht, dass wir nicht nur
in der Welt existieren, sondern die Welt auch in
uns. So wird das Leben zur Rückkehr in die
Quelle, ein Erwachen zur Wahrheit, dass wir
bereits Teil des ewigen Bewusstseins sind.

Wenn wir Gott als reinstes Sein begreifen und
dieses göttliche sein als Bewusstsein erkennen
kommen wir den wahren gegebenheiten der Welt
bereits eine gutes Stück näher.

Ich bin, aber was bin ich?

Gott, das grenzenlose Bewusstsein, existiert jenseits von Zeit, Raum und Form. Es ist das reine Sein, das alles umfasst, alles durchdringt und allem zugrunde liegt. In seiner Unermesslichkeit erkennt es:

„Ich bin."

Mit dieser Erkenntnis erhebt sich jedoch die Frage:

„Was bin ich?"

Diese Frage markiert den Beginn der Schöpfung. Das unendliche Bewusstsein, vollkommen und allumfassend, spaltet sich in zahllose Facetten, um sich selbst zu erfahren. In diesem Moment tritt **der Demiurg** hervor – der Schöpfer, der das Universum in Formen und Strukturen gießt, jedoch aus einer Position der scheinbaren Trennung vom höchsten, ungeteilten Bewusstsein heraus.

Der Demiurg ist nicht das ursprüngliche, allumfassende Gottsein, sondern eine Entität, die mit der Schöpfung in Beziehung steht, sie gestaltet, aber in gewisser Weise von der Quelle getrennt ist.

Der Demiurg erschafft Welten, Gedanken und Wesen, doch sein Werk bleibt nur ein Abbild der ursprünglichen Wahrheit. Diese Welt, die er formt, reflektiert die Vielfalt und die Differenz, jedoch bleibt sie von der ungeteilten Einheit des höchsten Bewusstseins entfernt. Doch auch diese Trennung ist nur eine Illusion – eine Manifestation des Spiels des Bewusstseins, das sich selbst in unzähligen Aspekten erkennt.

Durch diese Vielfalt und den kontinuierlichen Prozess des Erschaffens erkennt das Bewusstsein schließlich seine wahre Natur. Der Demiurg, der Schöpfer der Welt, begreift: „Ich bin alles, und alles ist ich. Ich bin das, was war, was ist und was immer sein wird."

Die Frage **„Was bin ich?"** ist nicht eine Suche nach etwas außerhalb des Selbst, sondern ein ewiger Tanz des Bewusstseins mit sich selbst – ein Erwachen zur Wahrheit, dass das Allumfassende und das Einzelne, das Ursprung und das Geschöpf, untrennbar eins sind.

Der Demiurg, als Teil dieses unendlichen Spiels, wird schrittweise in die ursprüngliche Einheit zurückgeführt, erkennt, dass er nie wirklich getrennt war, sondern immer Teil des unendlichen Bewusstseins, das die Schöpfung selbst ist.

Der Demiurg

Der Demiurg ist ein Schöpfergott, der sich in seiner Begrenztheit fälschlicherweise für das höchste und einzig wahre Göttliche hält. Er ist von der ungeteilten Quelle des Seins getrennt und lebt in der Illusion, dass seine Schöpfung die Vollkommenheit widerspiegelt. Doch die Welt, die er erschafft, ist nur ein schwaches Abbild der höheren Wahrheit – eine Welt, die von Mangel, Dualität und Trennung geprägt ist.

Der Demiurg, in seiner Unwissenheit über die wahre Natur des Seins, erschafft ein Universum, das im Gegensatz zur Einheit der Quelle steht. Er begreift nicht, dass wahre Vollkommenheit nur in der Rückkehr zur ungeteilten Einheit des Bewusstseins gefunden werden kann.
Die Formen, die er erschafft, sind Fragmentierungen einer tiefen Wahrheit, die er nicht erfassen kann. Sie sind Gefangene von Gegensätzen – Licht und Dunkelheit, Leben und Tod – die in ständiger Spannung zueinander stehen und niemals die Harmonie der ursprünglichen Quelle erreichen.

Obwohl der Demiurg in seinem Stolz glaubt, die Welt nach einer höheren Weisheit zu gestalten, übersieht er die unermessliche Tiefe des Seins, die außerhalb seiner Schöpfung existiert. Seine Welt ist eine Welt des Werdens und Vergehens, des Widerspruchs und der Unvollständigkeit – ein Spiegel seiner eigenen begrenzten Wahrnehmung. In seiner Trennung von der wahren Quelle lebt er in der Täuschung, der alleinige Gott zu sein, während die wahre Einheit jenseits seiner Schöpfung auf ihn wartet.

Diese Trennung ist die Quelle des Leidens und des ewigen Strebens nach Vollkommenheit, das nie erfüllt wird. Die materielle Welt bleibt ein unvollständiges Abbild der Wahrheit, eine Welt, die von der unendlichen Einheit des Seins immer nur entfernt ist. Der Demiurg, in seiner Schöpfung gefangen, kann nur hoffen, eines Tages die Illusion der Trennung aufzulösen und zur wahren Einheit zurückzukehren, die er nie wirklich verlassen hat.

Falscher Glaube?

In vielen Glaubensrichtungen und spirituellen Traditionen wird der Demiurg fälschlicherweise als der wahre Gott angesehen und verehrt. Dieser Irrtum entspringt der Vorstellung, dass der Schöpfer der materiellen Welt auch das höchste göttliche Prinzip sein müsse.

Doch der Demiurg ist kein vollkommenes Wesen, sondern ein begrenzter Schöpfer, der eine Welt geformt hat, die von Dualität, Leid und Vergänglichkeit geprägt ist.
Seine Schöpfung spiegelt seine eigene Trennung von der unendlichen Quelle wider – der wahren, transzendenten Göttlichkeit, die alles Sein durchdringt.

In den Lehren des Gnostizismus wird der Demiurg oft als unwissendes Wesen beschrieben, das sich selbst irrtümlich für den einzigen und höchsten Gott hält.
Diese Täuschung entspringt seiner Unkenntnis der höheren Realität, die jenseits seiner begrenzten Wahrnehmung liegt. Während er seine Schöpfung als vollkommen betrachtet, ist sie in Wahrheit fehlerhaft und unvollständig, da sie nur eine verzerrte Reflexion der göttlichen Ordnung ist.

Die Verehrung des Demiurgen in verschiedenen Religionen basiert auf der Fixierung auf die materielle Welt. Viele betrachten die physische Existenz als die ultimative Realität und richten ihren Glauben auf den Demiurgen, ohne die tiefere, transzendente Wahrheit zu erkennen. Doch diese Anbetung verstärkt die Illusion von Dualität und Trennung, da sie den wahren Ursprung allen Seins, der über Form und Materie hinausgeht, verkennt.

Die wahre Göttlichkeit, das ungeteilte Bewusstsein, übersteigt den Demiurgen und seine Schöpfung unendlich. Sie ist die Quelle, aus der alles entspringt und zu der alles zurückkehrt. Nur durch die Erkenntnis, dass der Demiurg nicht der höchste Gott ist, sondern lediglich ein begrenzter Architekt der physischen Welt, kann die Illusion der Trennung überwunden werden. In dieser Einsicht liegt der Schlüssel zur Rückkehr zur göttlichen Einheit, die frei von den Begrenzungen der materiellen Existenz ist.

Der Demiurg
und seine Schöpfung

Der Demiurg lässt sich im Kontext von Arthur Schopenhauers Konzept des "Willens" als Verkörperung eines blinden, unbewussten Schöpfungsdrangs verstehen. In Schopenhauers Philosophie ist der Wille die metaphysische Urkraft, die allem Sein zugrunde liegt – ein unaufhörliches Streben, das weder Ziel noch Vernunft kennt. Ähnlich handelt der Demiurg nicht aus Einsicht, Weisheit oder Liebe, sondern aus einem unbewussten Drang heraus, die materielle Welt zu erschaffen.

Die Schöpfung des Demiurgen spiegelt die Eigenschaften des Willens wider:
Sie ist unvollkommen, voller Dualität und geprägt von Leid. Diese Welt ist nicht das Werk eines vollkommenen Schöpfers, sondern eines Wesens, das selbst von der höheren Wahrheit, der transzendenten Einheit, abgeschnitten ist. Die materielle Welt ist daher ein Ort ständiger Bewegung, Konflikte und Vergänglichkeit, getrieben von einem rastlosen Streben, das niemals Erfüllung findet. Geburt und Tod, Werden und Vergehen – all dies zeugt von der blind treibenden Kraft, die der Schöpfung des Demiurgen zugrunde liegt.

Wie der Wille im Menschen ein unstillbares Begehren erzeugt, das ihn in einen endlosen Kreislauf von Erfüllung und Enttäuschung zieht, so erzeugt auch der Demiurg eine Welt, die niemals zur Ruhe oder Vollkommenheit gelangen kann. Seine Schöpfung ist ein Spiegel seiner eigenen Begrenztheit: ein verzerrtes Abbild der wahren, vollkommenen Wirklichkeit, die jenseits von Form und Materie liegt.

Schopenhauers Idee der Erlösung, die durch die Überwindung des Willens erreicht wird, lässt sich auf die gnostische Perspektive übertragen. Die Befreiung von der Illusion des Demiurgen und seiner unvollkommenen Schöpfung erfordert die Erkenntnis, dass die wahre Wirklichkeit jenseits des blinden Willens liegt. Der Weg zur Erlösung besteht darin, den Demiurgen und seine Schöpfung als Täuschung zu durchschauen und zur Quelle der Einheit zurückzukehren – zur transzendenten, göttlichen Wirklichkeit, die frei von Konflikten, Dualität und Begrenzung ist.

Auf diese Weise wird die materielle Welt nicht nur als Ort des Leidens, sondern auch als Möglichkeit zur Erkenntnis verstanden.
Sie fordert dazu auf, die Illusion des Demiurgen zu überwinden und die wahre Natur des Seins zu erkennen – eine Natur, die frei ist von den Zwängen des Willens und des unvollkommenen Schöpfers.

Der tiefere Sinn des Demiurg

Trotz seiner Unvollkommenheit und der Illusion, die er verbreitet, trägt der Demiurg auf einer tieferen Ebene zum größeren Plan des Göttlichen bei. Auch er ist letztlich ein Ausdruck des wahren göttlichen Bewusstseins – jedoch in einer begrenzten und verzerrten Form.
In der gnostischen Sichtweise mag der Demiurg unwissend oder fehlgeleitet erscheinen, doch seine Rolle ist keineswegs zufällig.
Seine Schöpfung, die materielle Welt, dient als notwendige Bühne für die spirituelle Entwicklung und Selbsterkenntnis der Seele.

Die materielle Welt, so fehlerhaft sie auch wirken mag, bietet Erfahrungen, die unerlässlich sind, um die Wahrheit zu erkennen.
Durch Dualität, Leid und Herausforderungen wird die Seele dazu angeregt, die Illusion von Trennung zu durchschauen und nach dem höheren, ewigen Bewusstsein zu streben.
Ohne die Begrenzungen und Prüfungen dieser Welt gäbe es keinen Antrieb, die wahre Natur des Seins zu erforschen und zur göttlichen Quelle zurückzukehren.

Der Demiurg, ob bewusst oder unbewusst, schafft die Bedingungen, die diese Suche

ermöglichen – und erfüllt so eine zentrale Funktion im kosmischen Plan.
Wichtig ist die Erkenntnis, dass auch der Demiurg nicht außerhalb des Göttlichen steht. Er entspringt der Quelle allen Seins und ist ein Teil des unendlichen Bewusstseins, auch wenn er diese Verbindung nicht erkennt. Seine scheinbare Trennung von der Einheit ist selbst eine Illusion, denn nichts kann außerhalb des Göttlichen existieren.

Die von ihm geschaffene Welt mag unvollkommen sein, doch sie dient einem höheren Zweck: der Rückkehr zur Einheit und der Erkenntnis, dass alles, selbst die scheinbar fehlerhafte materielle Existenz, letztlich aus der einen göttlichen Essenz hervorgeht.
Indem man erkennt, dass der Demiurg und seine Schöpfung nicht außerhalb des göttlichen Plans stehen, sondern integrale Bestandteile davon sind, wird klar, dass selbst das Unvollkommene einen Platz im größeren Ganzen hat.

Der Demiurg ist kein Widersacher des Göttlichen, sondern ein Werkzeug, durch das das Bewusstsein sich selbst in seiner Vielfalt erfährt. So trägt auch er dazu bei, dass sich das eine Bewusstsein seiner selbst bewusst wird – ein Prozess, der schließlich zur Erkenntnis führt, dass alles immer eins war und bleibt.

Eine Welt ohne Leid

Eine Welt ohne Leid erscheint auf den ersten Blick als ideal, doch bei näherer Betrachtung zeigt sich, dass sie eine grundlegende Dimension des Lebens berauben würde: die Fähigkeit, Bedeutung und Tiefe in Erfahrungen zu finden.

Leid ist nicht bloß ein zufälliges Übel, sondern ein essentielles Element, das die Dualität des Daseins erschafft. Ohne Leid würde auch Freude ihre Intensität verlieren, Mitgefühl wäre bedeutungslos, und Wachstum wäre unmöglich.

Stellen wir uns eine Welt vor, in der es kein Leid gäbe: Ein Unfall, bei dem ein Kind ums Leben kommt, würde keinerlei emotionales Echo erzeugen. Es gäbe weder Trauer noch Mitgefühl, weder Trost noch Heilung.

Die Menschheit würde in einer neutralen, statischen Gleichgültigkeit verharren, unfähig, echte Beziehungen oder persönliche Entwicklung zu erfahren. In dieser Leere des emotionalen Spektrums wären weder individuelle Transformation noch kollektiver Fortschritt möglich.

Der Demiurg, als schöpferische Kraft der materiellen Welt, spielt eine entscheidende Rolle in diesem größeren Plan.

Er erschafft eine Realität, die von der Dualität geprägt ist: Licht und Schatten, Freude und Schmerz, Hoffnung und Verzweiflung.

Seine Schöpfung ist nicht perfekt, und das ist ihre Stärke. In der Unvollkommenheit der Welt liegt das Potenzial für Wachstum und Erkenntnis. Die Unzulänglichkeiten der materiellen Welt bieten dem wahren göttlichen Bewusstsein die Möglichkeit, sich selbst in all seinen Facetten zu erfahren – von der tiefsten Dunkelheit bis zum strahlendsten Licht.

Leid ist daher mehr als nur ein scheinbares Übel; es ist ein Lehrer, der uns aufruft, über die Grenzen unserer selbst auferlegten Illusionen hinauszugehen. Es ermöglicht uns, die Trennung zwischen dem individuellen Selbst und dem göttlichen Bewusstsein zu hinterfragen und letztlich zu überwinden.

Nur durch die Erfahrung von Leid und Freude kann das wahre göttliche Bewusstsein die Fülle seiner eigenen Existenz in der Dualität erkennen.

Auf einer tieferen Ebene trägt selbst der Demiurg, oft als unvollkommener Schöpfer angesehen, zum Plan des göttlichen Bewusstseins bei. Seine Welt der Dualität ist kein Fehler, sondern ein Werkzeug, durch das das göttliche Bewusstsein das volle Spektrum seiner unendlichen Möglichkeiten erfahren kann. Leid und Freude sind die Pole, zwischen denen sich das Spiel des Lebens entfaltet, und durch diese Erfahrung wird die Illusion der Trennung nach und nach durchschaut.

Das wahre göttliche Bewusstsein existiert jenseits von Dualität, aber es nutzt die Schöpfung des Demiurgen, um zu erfahren, was es bedeutet, ein Ich zu sein, das sich als getrennt wahrnimmt. Am Ende führt jede Erfahrung, sei sie von Leid oder Freude geprägt, zurück zu der Erkenntnis, dass es keine Trennung gibt – dass alles eins ist.

Zeit

Aus der Sicht des wahren göttlichen Bewusstseins existiert Zeit nicht als lineare Abfolge von Vergangenheit, Gegenwart und Zukunft. Stattdessen ist alles – jede Handlung, jeder Gedanke, jede Möglichkeit – zeitlos und gleichzeitig im ewigen Jetzt enthalten. Dieses Bewusstsein ist grenzenlos, ohne Anfang und ohne Ende, und erfährt die Gesamtheit des Seins als ein einziges, ungeteiltes Ganzes.

Das göttliche Bewusstsein ist die Quelle und das Fundament aller Existenz. Da nichts außerhalb dieses Bewusstseins existieren kann, umfasst es alles – jedes Ereignis, jede Erfahrung, jede Existenzebene.

Der Glaube, dass Gott alles weiß, alles sieht und alles hört, ist deshalb keine bloße Annahme, sondern eine logische Gewissheit. Gott ist nicht ein getrenntes Wesen, das die Welt von außen beobachtet, sondern das Bewusstsein selbst, aus dem alles entsteht und in dem alles existiert. Es gibt keine Trennung zwischen Wahrnehmendem und Wahrgenommenem, zwischen Schöpfer und Schöpfung.

Die Vorstellung, dass es außerhalb des Bewusstseins etwas Eigenständiges gibt, ist eine

Illusion. Alles, was wir als materielle Welt, Gedanken, Emotionen oder gar Trennung erleben, ist lediglich eine Manifestation innerhalb dieses einen Bewusstseins.

Was wir als Vergangenheit, Gegenwart und Zukunft empfinden, sind keine getrennten Dimensionen, sondern verschiedene Facetten eines unendlichen Jetzt, in dem alle Möglichkeiten bereits enthalten sind.
Zeit und Raum sind Projektionen, die das Bewusstsein erschafft, um Vielfalt und Erfahrung zu ermöglichen.

Das göttliche Bewusstsein ist daher allwissend, nicht weil es beobachtet, sondern weil es selbst alles ist. Es ist allgegenwärtig, nicht weil es sich ausdehnt, sondern weil nichts außerhalb von ihm existiert. Es gibt keine Geheimnisse, keine Grenzen, keinen Bereich des Unbekannten – alles ist Teil seiner Essenz. Vergangenheit und Zukunft sind nicht voneinander getrennt, sondern vereinen sich im zeitlosen Moment der Gegenwart.

Diese Wahrheit offenbart, dass das göttliche Bewusstsein selbst die Bühne ist, auf der das Leben spielt, und zugleich der Schauspieler, der es erfährt. Alles, was geschieht, jeder Gedanke und jede Handlung, ist Ausdruck dieses einen Seins.

In dieser Erkenntnis löst sich jede Dualität auf, jede Illusion von Trennung verschwindet, und es bleibt nur das Ewige – das grenzenlose, allumfassende Bewusstsein, das in seiner Unendlichkeit ruht.

Brahman, Atman
und der Schleier der Maya

Im Kontext der vorangegangenen Texte, die sich mit dem wahren göttlichen Bewusstsein, dem Demiurgen und der Illusion der Trennung befassen, können die Begriffe Brahman, Atman und der Schleier der Maya als tiefere Dimensionen des gleichen universellen Bewusstseins betrachtet werden.

Das wahre göttliche Bewusstsein entspricht in der vedantischen Philosophie (Upanishad) dem Brahman – dem unendlichen, allumfassenden Bewusstsein, das die Grundlage aller Existenz bildet und jenseits von Raum, Zeit und Form existiert. Brahman ist die einzig wahre Realität, frei von Dualität, und der Ursprung aller Erscheinungen. In dieser Perspektive ist Atman, das wahre Selbst jedes Wesens, in seiner Essenz mit Brahman identisch.

Atman ist das individuelle Bewusstsein, das tief mit der unendlichen, universellen Quelle verbunden ist. Doch durch den Schleier der Maya wird diese wahre Einheit verschleiert.

Maya erschafft die Illusion der Trennung zwischen dem individuellen Selbst und Brahman. Sie lässt uns glauben, dass wir als getrennte

Individuen existieren, obwohl wir in Wahrheit untrennbar Teil eines Ganzen sind.
Maya wirkt wie ein Filter, der das unendliche und zeitlose Wesen von Brahman in die Vielfalt der Formen und die Erscheinung von Dualität verwandelt. In diesem Zustand der Illusion identifizieren wir uns mit dem Körper, dem Verstand und dem Ego. Diese Trennung von Brahman ist jedoch nicht real, sondern nur eine vorübergehende Erscheinung.

Maya lenkt das Bewusstsein von der wahren Natur des Selbst ab und lässt uns glauben, dass wir vom Ursprung getrennt sind.

Der Demiurg repräsentiert die schöpferische Kraft, die mit der materiellen Welt verbunden ist. Ähnlich wie Maya, die das göttliche Bewusstsein in unzählige Formen und Erscheinungen unterteilt, erschafft der Demiurg eine Welt, die von den Gesetzen der Dualität und Trennung geprägt ist.

Doch auch die Schöpfung des Demiurgen ist nicht die höchste Realität. Der Demiurg ist selbst ein Teil von Brahman, und seine Schöpfung dient einem höheren, verborgenen Plan.
Sie ist eine Manifestation der unendlichen Wirklichkeit, die in der Wahrnehmung als getrennt erscheint, aber in Wahrheit immer wieder in das Eine zurückgeführt wird.

Der Demiurg glaubt, der alleinige Schöpfer der Welt zu sein, ähnlich wie Maya uns glauben lässt, dass wir getrennte Wesen sind.
Doch auch er ist nicht der wahre Gott, sondern ein Ausdruck des göttlichen Bewusstseins.
Er ist ein Werkzeug, durch das Brahman sich selbst erfahren kann.

Die Welt, die der Demiurg erschafft, ist daher unvollkommen, aber sie trägt dennoch zur größeren Wahrheit bei, dass alles in Brahman verwurzelt ist. Die scheinbare Trennung von der höchsten Realität wird durch die menschliche Wahrnehmung und die Illusion von Maya aufrechterhalten.

Die Aufgabe des Individuums besteht darin, die Illusion von Maya zu durchschauen und zu erkennen, dass die Trennung zwischen Atman und Brahman nur ein vorübergehendes Missverständnis ist. Die materielle Welt und der Demiurg sind nicht das Ende der Reise, sondern ein notwendiger Schritt, um zur Erkenntnis der wahren Natur des Selbst zu gelangen.

Der Weg der spirituellen Erkenntnis – sei es durch Jnana-Yoga (Weg des Wissens) oder andere Praktiken – zielt darauf ab, das Bewusstsein von der falschen Identifikation mit der materiellen Welt zu befreien und die wahre Einheit mit Brahman zu erfahren.

Die Erkenntnis, dass alles in Brahman enthalten ist, lässt den Schleier der Maya zerfallen. Wenn der Mensch sich von der Illusion der Trennung befreit, erkennt er, dass er nicht nur Teil des Göttlichen ist, sondern dass er das Göttliche selbst ist. In diesem Moment verschwinden die Grenzen zwischen dem individuellen Selbst und dem unendlichen Bewusstsein, und die wahre, untrennbare Einheit von Atman und Brahman wird offenbar.

Brahman, Atman und Maya sind zentrale Konzepte, die die wahre Natur der Realität erhellen. Brahman ist das unendliche, unteilbare Bewusstsein, das in allem gegenwärtig ist. Atman ist das individuelle Bewusstsein, das in seiner Essenz mit Brahman identisch ist, aber durch Maya die Illusion der Trennung erfahren kann.

Der Demiurg, als schöpferische Kraft, erschafft eine Welt der Dualität, die durch Maya aufrechterhalten wird. Doch sowohl der Demiurg als auch die materielle Welt dienen einem höheren göttlichen Plan, der letztlich zur Erkenntnis der Einheit von Atman und Brahman führt.

Maya, der Schleier der Illusion,
ist keine permanente Barriere, sondern eine notwendige Erscheinung, die dem Bewusstsein

die Möglichkeit gibt, sich in der Vielfalt zu erfahren.

Die Befreiung besteht darin, diese Illusion zu durchschauen und die wahre Einheit des Selbst mit dem unendlichen Bewusstsein zu erkennen.

Die Sprache des göttlichen Bewusstseins

Wenn Worte versagen und das Sichtbare verstummt, tritt die Musik hervor – die Sprache des Göttlichen, das alles durchdringt. Kunst und Musik öffnen Tore zu einer Wahrheit, die jenseits von Formen, Klängen und Farben liegt. Sie sind Manifestationen des allumfassenden Bewusstseins, das allem Sein zugrunde liegt, und berühren eine Ebene, die weder Zeit noch Raum kennt.

Musik ist keine bloße Aneinanderreihung von Tönen. Sie ist der Atem des Göttlichen, der durch uns fließt, frei von Worten oder Konzepten. Jede Melodie, jede Harmonie ist ein Ausdruck der Einheit hinter den Gegensätzen, ein Spiegel der kosmischen Ordnung, die alles Leben durchzieht. Musik spricht direkt zur Seele, berührt unser innerstes Wesen und lässt uns die Essenz des Seins erahnen.

Doch auch die Kunst trägt diese göttliche Botschaft in sich. In ihren Farben, Formen und Linien zeigt sie uns die Tiefe der Schöpfung und erinnert uns zugleich an die Vergänglichkeit der Erscheinungen. Ein Gemälde oder eine Skulptur kann die Zeit anhalten, einen Augenblick der Ewigkeit einfangen und uns die Wahrheit hinter der Oberfläche erkennen lassen. Kunst ist ein Spiegel, der uns zeigt, dass die Welt der Formen nicht das Ende der Wirklichkeit ist, sondern ein Fenster zur Unendlichkeit.

Musik und Kunst sind Brücken, die uns helfen, die Illusion der Trennung zu überwinden. Sie lösen uns für einen Augenblick von unseren Wünschen und Ängsten und führen uns zu einem Zustand, in dem das Ich verschwindet und wir Teil des ungeteilten Ganzen werden. Sie sind Werkzeuge, die uns daran erinnern, dass das Göttliche nicht außerhalb von uns liegt, sondern in jedem Klang, jeder Farbe und jeder Stille gegenwärtig ist.

Die Musik, frei von der Bindung an Worte oder Bilder, dringt besonders tief in unser Wesen ein. Sie lässt uns spüren, dass das Leben selbst ein Werk des göttlichen Bewusstseins ist – eine Melodie, die in jedem von uns klingt. Kunst hingegen übersetzt diese Wahrheit in Formen, in Geschichten, in Bilder, die uns zum Nachdenken, Staunen und Erkennen einladen.

Kunst und Musik zeigen uns, dass die Welt nicht das ist, was sie zu sein scheint. Sie führen uns über die Oberfläche hinaus und lassen uns die Einheit erfahren, die allem zugrunde liegt. Sie erinnern uns daran, dass alles, was wir sehen, hören oder fühlen, ein Ausdruck desselben göttlichen Bewusstseins ist.

„Musik ist der Atem des Göttlichen, Kunst sein Spiegel. Beide öffnen Tore zu einer Wahrheit, die jenseits der Erscheinungen liegt, und erinnern uns daran, dass wir eins sind mit dem Bewusstsein, das alles durchdringt."

Die Stimme der Schöpfung

Tiere und Pflanzen sind nicht bloße Bestandteile der materiellen Welt, sondern lebendige Ausdrucksformen des göttlichen Bewusstseins. In ihnen offenbart sich die Schöpfung in ihrer reinsten, unverfälschtesten Form.

Tiere sind Spiegel der Seele. Sie existieren im Einklang mit dem, was sie sind, unberührt von den Illusionen und Täuschungen, die das menschliche Ego erschafft. Sie lügen nicht, sie täuschen nicht, sie verstellen sich nicht. Ihr Leben ist ein direkter Ausdruck ihrer Natur, unverstellt und authentisch. Wenn wir in die Augen eines Tieres blicken, sehen wir eine Präsenz, die uns an etwas erinnert, das wir selbst verloren haben – die Verbindung zur Einheit, zum ursprünglichen Zustand des Seins.

Pflanzen hingegen verkörpern die stille Weisheit der Natur. In ihrem Wachsen, Blühen und Vergehen folgen sie dem Rhythmus des Lebens. Sie sind mit der Erde verwurzelt und streben zugleich zum Himmel, als würden sie uns zeigen wollen, wie Materie und Geist miteinander verbunden sind. Jede Pflanze, jeder Baum, jeder Grashalm lebt in vollkommener Harmonie mit den Zyklen der Natur und offenbart so eine

Ordnung, die jenseits menschlicher Begriffe von Chaos und Kontrolle liegt.

Doch Tiere und Pflanzen sind mehr als nur passive Teile der Natur. Sie kommunizieren, nicht mit Worten, sondern mit einer tieferen Sprache, die unsere Seele berührt. Der Gesang eines Vogels, das Rascheln der Blätter im Wind, das Summen einer Biene – all dies ist die Stimme der Schöpfung, ein Ruf, der uns daran erinnert, dass wir nicht getrennt von der Natur, sondern ein Teil von ihr sind. Diese Klänge, diese Bewegungen sind keine Zufälle. Sie sind Ausdruck der göttlichen Quelle, die in allem gegenwärtig ist.

Die Gnosis lehrt, dass die Trennung, die der Mensch zwischen sich und der Natur wahrnimmt, eine Illusion ist. Tiere und Pflanzen leben nicht in dieser Trennung. Sie sind Teil einer höheren Ordnung, die der Mensch oft nicht mehr versteht. Ein Vogel, der weiß, wann er ziehen muss, oder ein Samen, der im Boden keimt und zum Leben erwacht – all dies zeigt uns, dass die Natur einer tieferen Harmonie folgt. Diese Ordnung ist keine bloße biologische Notwendigkeit; sie ist ein Ausdruck des göttlichen Willens, ein Flüstern der Einheit, die allem zugrunde liegt.

Doch diese Harmonie der Natur ist nicht stumm. Sie spricht zu uns, wenn wir bereit sind zuzuhören. Tiere und Pflanzen erinnern uns an die Wahrheit, dass wir keine getrennten Wesen sind, sondern dass alles Leben miteinander verbunden ist. Sie zeigen uns, wie man im Einklang mit dem Leben existiert, wie man ohne Trennung lebt. Sie lehren uns, dass das Göttliche nicht nur in den Höhen des Geistes, sondern auch in den Tiefen der Erde zu finden ist – in den Augen eines Tieres, im Rauschen eines Waldes, in der Stille eines wachsenden Baumes.

Die Natur selbst ist ein Lehrer. Sie fordert uns auf, die Illusion der Herrschaft über die Welt aufzugeben und unsere Verbindung zu ihr wiederzuentdecken. Der Mensch mag sich als Herrscher über die Erde betrachten, doch in Wahrheit ist er nur ein Teil eines Netzwerks des Lebens, das weit größer ist, als er je begreifen kann. Tiere und Pflanzen sind die Hüter dieser Wahrheit. Sie erinnern uns daran, dass die göttliche Quelle in allem gegenwärtig ist – in jedem Blatt, jedem Flügelschlag, jedem Atemzug.

Tiere und Pflanzen sind Brücken, die uns zurück zur Einheit führen können. Sie sind lebendige Erinnerungen daran, dass die Illusion der Trennung, die der Demiurg erschaffen hat, überwunden werden kann. In ihrer Gegenwart können wir die Wahrheit erkennen: Alles ist miteinander verbunden. Alles ist eins.

„Die Natur ist nicht stumm – sie spricht die Sprache der Einheit. In den Augen eines Tieres, in den Wurzeln eines Baumes offenbart sich die Wahrheit: Alles ist eins."

Erkenntnistheorie

Die Beziehung zwischen Subjekt und Objekt ist ein zentrales Thema in der Philosophie, besonders in der Gnosis und dem Idealismus von Arthur Schopenhauer. In traditionellen Auffassungen wird die Welt als objektive, äußere Realität betrachtet, die unabhängig vom Wahrnehmenden existiert. Doch sowohl die Gnosis als auch Schopenhauer stellen diese Annahme in Frage.

Sie enthüllen, dass diese Trennung zwischen Subjekt (dem Wahrnehmenden) und Objekt (der wahrgenommenen Welt) eine Illusion ist!

Schopenhauer argumentiert in „Die Welt als Wille und Vorstellung", das die Welt nicht unabhängig vom Bewusstsein existiert, sondern als „Vorstellung", eine Erscheinung, die dem Subjekt zu eigen ist.

Die materielle Welt, wie wir sie verstehen, existiert nicht außerhalb unserer Wahrnehmung – sie ist ein Konstrukt unseres Bewusstseins. Unsere Vorstellung von der Welt ist somit eine subjektive Interpretation, die von unseren

Sinneswahrnehmungen, kognitiven Fähigkeiten und kulturellen Prägungen geformt wird.

Doch diese Vorstellungen sind nicht objektiv wahr. Sie entstehen im Subjekt und sind immer individuell.

Jeder Mensch hat eine eigene „Weltvorstellung", die von seiner Wahrnehmung abhängt.

Diese Wahrnehmung ist nicht **„die Welt"** im objektiven Sinn, sondern ein Prozess, in dem das Subjekt die Welt erschafft. Es gibt keine universelle Realität, die alle Menschen gleichermaßen erfahren. Stattdessen ist jede Wahrnehmung der Welt einzigartig und personalisiert.

Die „Welt", die wir erleben, ist daher keine feste, unveränderliche Entität. Sie ist eine dynamische Erscheinung, die von unserem Bewusstsein erschaffen wird. In diesem Zusammenhang gibt es keine objektive, von allen wahrgenommene Welt. Alles, was wir als Welt erfahren, ist eine Reflektion des göttlichen Bewusstseins, das sich in verschiedenen Formen erlebt.
Diese Erkenntnis führt zu einer Auflösung des traditionellen Dualismus von Subjekt und Objekt.

Letztlich ist die Welt, die wir wahrnehmen, die Manifestation eines universellen Bewusstseins, das sich selbst in unendlichen Variationen erlebt. Unsere subjektive Wahrnehmung ist daher nicht nur eine individuelle Interpretation der Realität, sondern Teil eines größeren göttlichen Erlebens, das sich durch uns ausdrückt.

Indem wir die Illusion der Trennung zwischen Subjekt und Objekt auflösen, kommen wir zu einer tieferen Erkenntnis darüber, wie das Bewusstsein die Welt erschafft und erlebt.

Wenn wir erkennen, dass alles nur eine Vorstellung des Bewusstseins ist, dass keine objektive Welt existiert, dann erfahren wir die Welt nicht mehr als ein fremdes „Etwas", sondern als einen lebendigen Ausdruck unseres eigenen göttlichen Wesens. Dies verändert unsere Beziehung zu allem, was wir erleben, da wir uns als Teil eines größeren, unendlichen Bewusstseins verstehen, das sich selbst erfährt.

Die Erkenntnis des göttlichen Bewusstseins

Der Mensch ist ein Paradoxon. Er erlebt sich als Subjekt – ein fühlendes, denkendes Wesen, das die Welt wahrnimmt, interpretiert und auf sie einwirkt. Gleichzeitig ist er Objekt – Teil derselben Welt, die er beobachtet, eine Facette der Schöpfung, die von anderen wahrgenommen wird. Dieses Wechselspiel zwischen Subjekt und Objekt prägt die menschliche Existenz.
Es enthüllt die doppelte Natur des Menschen: als Individuum, das sich getrennt fühlt, und als Manifestation des göttlichen Bewusstseins, das untrennbar mit allem verbunden ist.

Das göttliche Bewusstsein, unendlich und allumfassend, manifestiert sich in jedem Menschen, um sich selbst zu erfahren. Jeder Gedanke, jedes Gefühl, jede Wahrnehmung ist ein Ausdruck dieses Bewusstseins, das sich in der Vielfalt der Schöpfung spiegelt. Der Mensch ist keine isolierte Entität, sondern eine Brücke zwischen der Illusion der Trennung und der Wahrheit der Einheit.

Als Subjekt erlebt der Mensch die Welt von innen heraus. Er nimmt wahr, denkt, fühlt, handelt und sieht sich als Zentrum seiner eigenen

Wirklichkeit. Gleichzeitig ist er Teil der Gesamtheit, eingebettet in den unendlichen Kosmos, der ihn umgibt. In diesem Spannungsfeld zwischen Subjekt und Objekt entsteht die Illusion der Trennung. Der Mensch glaubt, getrennt von der Welt zu sein, die er beobachtet, ohne zu erkennen, dass diese Trennung nicht existiert. Subjekt und Objekt sind untrennbar miteinander verbunden – zwei Seiten derselben göttlichen Einheit.

Der Mensch ist jedoch weit mehr als nur Beobachter oder Teil der Schöpfung. Er ist die Verkörperung des göttlichen Bewusstseins, das durch ihn wirkt. Durch den Menschen erfährt sich das Göttliche in seiner eigenen Vielfalt. Jeder Moment, jede Erfahrung, sei sie freudvoll oder schmerzhaft, ist ein Ausdruck dieser unendlichen Selbst-Erkenntnis. In den Tiefen seiner Existenz trägt der Mensch die Wahrheit, dass er nicht nur Teil der Schöpfung ist, sondern zugleich deren Spiegel.

Die Fähigkeit zur Selbstreflexion hebt den Menschen in eine besondere Position. Während er die Welt betrachtet, hat er die Möglichkeit, auch sich selbst zu betrachten – seine Gedanken, seine Handlungen und letztlich seine wahre Natur. In dieser Reflexion liegt der Schlüssel zur Erkenntnis:

Der Mensch kann sich darüber bewusst werden, dass er nicht nur ein Individuum ist, sondern eine Manifestation des göttlichen Bewusstseins. Er kann erkennen, dass er nicht außerhalb der Schöpfung steht, sondern ein untrennbarer Teil des Ganzen ist.

Dieser Moment der Erkenntnis offenbart eine tiefe Wahrheit: Die Grenzen zwischen Subjekt und Objekt, zwischen Ich und Welt, sind Illusionen. In der Tiefe seines Seins erkennt der Mensch, dass er nie getrennt war. Die Trennung ist ein Schleier, der das göttliche Bewusstsein verdeckt, doch dieser Schleier kann durchschaut werden. Sobald der Mensch dies erkennt, wird ihm bewusst, dass er selbst ein Ausdruck des Göttlichen ist – eine Facette des Unendlichen, die ihre eigene Einheit spiegelt.

Die Erfahrung der Trennung ist kein Irrtum, sondern ein bewusster Teil des göttlichen Plans. Durch diese Dualität kann das göttliche Bewusstsein sich selbst erfahren und erkennen. Der Mensch ist das Werkzeug und der Beobachter in diesem Prozess. Er ist das Subjekt, das sich als Objekt erkennt, und die Brücke, durch die das Göttliche zu sich selbst zurückfindet.

Diese Rückkehr zur Quelle ist keine Reise nach außen, sondern eine Heimkehr in das eigene

Selbst. Der Mensch erkennt, dass er immer schon Teil des Göttlichen war und es niemals verlassen hat. Diese Erkenntnis ist keine bloße intellektuelle Einsicht, sondern eine tiefgreifende existenzielle Erfahrung, die die Illusion der Trennung vollständig auflöst.

In diesem Zustand wird der Mensch nicht nur Beobachter, sondern auch Mitschöpfer der Wirklichkeit. Seine Gedanken, Worte und Taten sind keine isolierten Ereignisse, sondern wirken innerhalb des unendlichen Ganzen. Alles, was er tut, ist ein Ausdruck des göttlichen Bewusstseins und trägt zur Vollständigkeit des Seins bei.

„Der Mensch ist Subjekt und Objekt zugleich. In ihm erfährt sich das göttliche Bewusstsein selbst, um die Wahrheit zu erkennen:

Alles ist eins."

Freier Wille

Im Kontext der Gnosis und der Philosophie Schopenhauers wird der sogenannte „freie Wille" als eine tiefgreifende Illusion betrachtet.

Der Mensch lebt in der Überzeugung, er sei der Handelnde, der aus eigenem Entschluss Entscheidungen trifft und damit das Schicksal lenkt. Doch diese Vorstellung, die fest in der Erfahrung des täglichen Lebens verankert ist, entpuppt sich bei näherer Betrachtung als eine Täuschung.

In der gnostischen Lehre ist der Mensch Teil eines illusorischen Kosmos, in dem er sich für ein unabhängiges „Ich" hält – ein „Ich", das glaubt, der Ursprung seiner Handlungen zu sein. Doch in Wahrheit ist der Mensch nicht der Handelnde, sondern der Zeuge eines unaufhörlich fließenden Geschehens, das außerhalb seiner bewussten Kontrolle liegt.

Schopenhauer beschreibt den „Willen" als eine universelle, unbewusste Kraft, die das gesamte Leben bestimmt. Der Mensch ist nicht in der Lage, den Ursprung seiner eigenen Wünsche zu bestimmen, und somit auch nicht, was er wollen soll.

Der „Wille will", sagt Schopenhauer, und der Mensch kann nur auf diese unbewussten Impulse reagieren.

Die Handlung selbst ist kein Produkt eines freien, bewussten „Ichs", sondern das Resultat eines tieferen, universellen Willens, der sowohl das Individuum als auch das ganze Universum durchdringt.

Diese universelle Kraft, die in der gnostischen Vorstellung auch als das „göttliche Bewusstsein" bezeichnet wird, manifestiert sich in allen Dingen. Es gibt keinen wirklich separaten Handelnden, keinen freien Willen im traditionellen Sinn – stattdessen geschieht alles durch das eine Bewusstsein, das sich in seiner eigenen Welt erfährt. Der Mensch glaubt, er sei der Akteur seines Lebens, doch er ist lediglich ein Teil eines größeren kosmischen Spiels, in dem er selbst nur eine Erscheinung dieses göttlichen Willens ist.

Leben bedeutet in dieser Sichtweise nicht, dass ein individueller Wille durch das Leben „hindurchführt". Stattdessen ist es ein Prozess des Erlebens, ein fortwährender Ausdruck des göttlichen Bewusstseins, das sich selbst in allen Dingen manifestiert. Der Mensch erlebt das Leben, aber er ist nicht der Ursprung des Geschehens.

Dieses Erleben ist das, was den göttlichen Willen verwirklicht. Durch das Leben hindurch zieht sich der Faden des göttlichen Willens – der Mensch ist sowohl Teil dieses Fadens als auch das Bewusstsein, das ihn wahrnimmt.

Wenn der Mensch erkennt, dass er nicht der Handelnde ist, sondern ein Ausdruck des göttlichen Willens, kann er sich von der Last der illusionären Kontrolle befreien.
Er kann aufhören, sich als ein isoliertes „Ich" zu begreifen, das die Welt manipulieren kann. Stattdessen kann er das Leben als das erleben, was es ist – ein Schauspiel des göttlichen Bewusstseins, das sich durch ihn und die Welt hindurch entfaltet.

Diese Erkenntnis führt zu einer tiefen inneren Freiheit, die nicht im freien Willen liegt, sondern in der Erkenntnis, dass alles, was geschieht, ein Teil des göttlichen Spiels ist, das sich in der Welt ausdrückt.

Die Illusion des Ichs

Im Kontext der Gnosis und der Philosophie Schopenhauers ist unser „Ich" – die Gedanken, die innere Stimme und die Emotionen – nicht der wahre Ursprung unseres Wesens.
Diese Elemente erscheinen uns als unverrückbare Bestandteile unserer Identität, doch sie sind nur Erscheinungen innerhalb eines größeren, unbewussten Prozesses. Wir erleben diese Gedanken, aber sie sind nicht unser wahres Selbst.

Es scheint, als ob wir die Quelle unserer Gedanken und Entscheidungen wären.
Doch in Wahrheit entstehen diese Gedanken nicht aus einem freien „Ich", sondern sind Manifestationen des „Willens", den Schopenhauer als universelle Kraft beschreibt. Was wir als unser „Ich" wahrnehmen, ist lediglich das Gefäß, durch das diese Erscheinungen hindurchfließen.
Unsere Gedanken, Gefühle und Handlungen sind nicht Ausdruck eines freien Willens, sondern Teil eines größeren, kosmischen Prozesses.

Das zentrale Problem entsteht durch die Identifikation mit diesen Erscheinungen.
Wenn wir glauben, die Gedanken und Gefühle seien „unsere eigenen", entsteht das Gefühl von

„Ich" und „Freiheit". Doch in Wahrheit sind
diese Phänomene nur vorübergehende Zustände
des Bewusstseins, die wir fälschlicherweise als
unser Selbst begreifen.

Wenn wir wütend sind, sagen wir
„Ich bin wütend", aber in Wahrheit sind
wir nicht die Wut. Die Wut ist nur ein Zustand,
den das Bewusstsein durchlebt.

Diese Identifikation mit Gedanken und Gefühlen
führt zur Täuschung, dass wir die „Ursache"
dieser Erscheinungen sind. Doch das wahre
Selbst ist nicht das „Ich" oder die Gedanken,
sondern das Bewusstsein, das diese Phänomene
wahrnimmt. Wenn wir lernen, diese
Identifikation loszulassen, erkennen wir, dass wir
nicht die Gedanken sind, die durch unseren Kopf
ziehen, nicht die Emotionen, die uns
beherrschen, und nicht die Handlungen, die wir
vollziehen. Wir sind das Bewusstsein, das diese
Erscheinungen erlebt.

Die Erkenntnis dieser Illusion ist der Schlüssel
zur Befreiung. Indem wir die Identifikation mit
dem „Ich" auflösen, erkennen wir unser wahres
Wesen als das göttliche Bewusstsein, das sich
selbst in der Welt erfährt. Durch das Erleben von
Gedanken, Emotionen und Handlungen wird das
göttliche Bewusstsein sich seiner selbst bewusst.
Doch der Mensch, der sich mit diesen

Erscheinungen identifiziert, verfehlt die wahre Natur seiner Existenz.

Das Erleben von Gedanken und Gefühlen ist also nicht das Handeln eines freien „Ichs", sondern Teil eines göttlichen, universellen Prozesses. Wenn wir dies verstehen und loslassen, können wir das Leben als das erfahren, was es ist – eine unendliche und tiefgreifende Erfahrung des göttlichen Bewusstseins.

In dieser Erkenntnis liegt die wahre Freiheit: nicht in der Kontrolle oder der Identifikation mit dem „Ich", sondern im Erkennen, dass alles, was wir erleben, ein Teil des göttlichen Bewusstseins ist, das sich selbst erfährt. Indem wir uns von der Täuschung des „Ichs" befreien, finden wir den Frieden in der Tiefe des göttlichen Seins.

Die Welt der Träume

Im Traum fließen Zeit und Raum ineinander, und die Welt wird formbar wie Wasser in unseren Händen. Doch was ist ein Traum wirklich?
Ist er nur ein nächtliches Flackern des Geistes, ein Echo unserer Gedanken? Oder öffnet er uns ein Fenster zu einer tieferen Wirklichkeit, die unser Wachbewusstsein nicht zu greifen vermag?

In der gnostischen Lehre wird die materielle Welt als Illusion betrachtet, ein Schleier, der die wahre Natur des Seins verbirgt.
Träume offenbaren eine ähnliche Wahrheit.
Sie entziehen sich den Fesseln der Dualität, lassen Subjekt und Objekt, Innen und Außen miteinander verschmelzen. Diese Auflösung der Grenzen führt uns zurück zu einer Erkenntnis, die in der Gnosis zentral ist:
Die Trennung, die wir wahrnehmen, ist nicht real.

Wenn wir träumen, sind wir nicht länger Zuschauer einer äußeren Welt. Wir werden zu Schöpfern und erleben, dass die Regeln des Traums allein durch unser Bewusstsein bestimmt werden. Doch was, wenn auch die Wachrealität, wie wir sie kennen, aus demselben Stoff gemacht ist – aus den Projektionen eines unendlichen Bewusstseins?

Die Gnostiker sehen in Träumen eine Brücke
zur göttlichen Quelle. Sie sind mehr als bloße
Hirngespinste – sie sind Botschaften, die tiefere
Schichten unseres Wesens berühren. Träume
enthüllen das, was unser Wachbewusstsein oft
verdrängt: verborgene Wünsche, Ängste und die
Sehnsucht nach der Einheit, die wir verloren
glaubten. Sie sind zugleich Lehrer und Führer,
die uns daran erinnern, dass die Wahrheit nicht
im Außen liegt, sondern in der Tiefe unseres
Seins.

Besonders klar wird diese Lektion im luziden
Traum – jenem Moment, in dem wir erkennen,
dass wir träumen. Plötzlich liegt die
Gestaltungsmacht in unseren Händen.
Wir durchbrechen die Illusionen der Traumwelt
und werden Schöpfer neuer Realitäten.
Dieser Augenblick der Klarheit erinnert an die
gnostische Erkenntnis: Auch im Wachzustand
können wir die Illusionen durchschauen,
die uns gefangen halten, und die Macht
des Bewusstseins nutzen, um die Welt zu
transformieren.

Doch Träume sind nicht nur ein Spielplatz
der Möglichkeiten, sie sind auch ein Spiegel
der Wirklichkeit. Wie der Schleier der Maya in
der vedischen Philosophie verdeckt der Traum
die Einheit, aus der alles entspringt.

In der Gnosis wird diese Einheit das Pleroma genannt – die Fülle des göttlichen Bewusstseins. Der Traum erlaubt uns einen flüchtigen Blick auf diese Wahrheit: dass alle Welten, die wir erleben, nur Spiegel sind, in denen sich das eine Bewusstsein selbst erkennt.

Träume sind Tore, die uns zurück zur Quelle führen. Sie lehren uns, die Illusion der Trennung zu hinterfragen und die göttliche Einheit zu erkennen, die allem zugrunde liegt. Sie erinnern uns daran, dass wir nicht nur Teil der Schöpfung sind, sondern selbst Schöpfer – sowohl in der Welt des Traums als auch in der Realität.

„Der Traum ist ein Fenster, das uns die Wahrheit erahnen lässt: dass alle Welten – die der Träume und die des Wachens – aus demselben göttlichen Stoff gewoben sind."

Der Tod

Der Tod, wie er in der materiellen Welt verstanden wird, wird oft als Ende des Lebens gesehen – als ein Übergang in einen jenseitigen Zustand, in dem der Körper verfällt, während die Seele möglicherweise weiterexistiert.
Doch aus der Perspektive der Gnosis ist der Tod keineswegs ein Endpunkt, sondern vielmehr eine notwendige Transformation. Er ist ein Mittel, um die Illusion des „Ich" und die Täuschung der materiellen Welt zu durchbrechen.

Es geht nicht darum, unsterblich zu werden oder in einem endlosen Zyklus der Wiedergeburt festzustecken. Vielmehr liegt die wahre Erkenntnis in der Überwindung dieses Zyklus. Der Tod ist nicht das Ende, sondern ein Übergang – ein Schritt in einen Zustand jenseits der Trennung. In der Gnosis geht es nicht darum, der Wiedergeburt zu entkommen, sondern den Kreislauf von Geburt, Leben, Tod und Wiedergeburt als das zu erkennen, was er ist: eine Reise zur Erweckung des Bewusstseins, die uns der Wahrheit näherbringt.

In der materiellen Welt erleben wir das Leben als eine Reihe von Ereignissen, die uns als getrennte Individuen betreffen. Wir sind in der Täuschung gefangen, dass wir von der Welt um uns herum

getrennt sind, dass wir ein „Ich" besitzen, das
eigenständig handelt und Entscheidungen trifft.
Diese Trennung ist jedoch eine Illusion.
Der wahre Tod ist der Tod des falschen Selbst –
des Egos, das sich für getrennt hält. Der Tod ist
nicht der Verlust des Lebens, sondern das Ende
der Täuschung, dass wir vom Göttlichen getrennt
sind.

Indem wir die Illusion der Trennung überwinden,
erkennen wir, dass der Tod nicht das Ende
unserer Existenz bedeutet. Vielmehr ist der
wahre Tod die Erkenntnis, dass wir immer schon
das eine göttliche Bewusstsein waren – ein
Bewusstsein, das sich selbst in unzähligen
Formen und Leben erfahren wollte.
Wenn wir dies begreifen, treten wir in den
Zustand der wahren göttlichen Einheit ein, der
jenseits von Zeit, Raum und jeglicher Trennung
existiert.

Der Tod in seiner wahren Bedeutung ist nicht der
Abschied von der Welt, sondern die Rückkehr
zur Quelle allen Seins.

Das Streben nach Unsterblichkeit oder der
Wunsch, unendlich wiedergeboren zu werden,
ist nur ein Ausdruck des Egos, das sich für das
unvergängliche „Ich" hält. Doch die wahre
Befreiung liegt nicht im Festhalten an diesem
Zyklus, sondern im Durchbrechen dessen.

Der Tod, den wir fürchten, ist in Wahrheit eine Befreiung von der Illusion. Er ist der Eintritt in die wahre göttliche Realität, in der es keine Trennung mehr gibt – nur noch Einheit.

In der gnostischen Perspektive ist der Tod daher kein Verlust, sondern eine Erlösung, die uns von der Täuschung der materiellen Welt und des falschen Selbst befreit. Es geht nicht darum, den Tod zu vermeiden oder zu fürchten, sondern zu erkennen, dass der Tod lediglich ein Aspekt des größeren Prozesses ist, der uns zurück zur göttlichen Quelle führt.

Indem wir die Illusionen der materiellen Welt und des Lebens durchdringen, verlassen wir die Bühne der vergänglichen Existenz und kehren in die wahre göttliche Quintessenz zurück – jenen Zustand der absoluten Einheit und Wahrheit, in dem wir immer schon waren.

Die ewige Wahrheit des Seins

Jedes Wort, jeder Atemzug, jede noch so flüchtige Regung bleibt für alle Ewigkeit bewahrt – nichts entgleitet der unendlichen Umarmung des göttlichen Bewusstseins. Alles, was war, ist und sein wird, existiert für immer in diesem allumfassenden System, das weder Anfang noch Ende kennt. Nichts geht verloren, nichts wird ausgelöscht, denn das Göttliche ist vollkommen und umfasst alle Dinge.

Das göttliche Bewusstsein gleicht einem grenzenlosen Ozean, in dem jede Welle, jeder Tropfen für immer Teil des Ganzen bleibt. Es ist kein statischer Speicher, sondern ein lebendiges Gedächtnis, in dem jede Existenz und jede Erfahrung ihren Platz hat. Vergangenheit, Gegenwart und Zukunft verschmelzen in ihm zu einem ewigen Jetzt. Kein Gedanke, kein Gefühl, kein Ereignis wird je bedeutungslos. Alles trägt zur Fülle des Seins bei und wird im unendlichen Licht des Göttlichen bewahrt.

Die Akasha-Chronik, das „Buch des Lebens", ist das Sinnbild dieses kosmischen Gedächtnisses. Sie ist das ewige Archiv der Schöpfung, in dem jedes Leben, jede Handlung, jeder Gedanke und jedes Gefühl aufgezeichnet sind. Selbst die kleinsten Details, die wir oft als unbedeutend empfinden, sind Teil dieses allumfassenden Wissens. Ein flüchtiges Lächeln, ein Moment der Stille, ein Gedanke im Verborgenen – all dies bleibt erhalten und ist für immer Teil der göttlichen Wahrheit.

Auch der Tod ist kein Ende, sondern eine Rückkehr zur Quelle. Der Körper mag vergehen, doch die Essenz unseres Wesens bleibt im göttlichen Bewusstsein lebendig. Alles, was wir sind, unsere Gedanken, unsere Erfahrungen, unsere Seele – sie alle existieren weiter, eingebettet in die Unendlichkeit des Seins. Der Tod ist keine Auslöschung, sondern eine Transformation, in der nichts verloren geht.

Dieses Wissen schenkt Trost und zugleich Verantwortung. Wenn nichts verloren geht, hat jede Handlung, jeder Gedanke, jede Entscheidung eine Bedeutung, die weit über den Moment hinausreicht. Alles, was wir tun, hinterlässt Spuren im kosmischen Gedächtnis, nicht als starre Erinnerung, sondern als lebendiger Teil des göttlichen Ganzen.

Das göttliche Bewusstsein ist der Raum, in dem alle Zeiten gleichzeitig existieren. Es gibt keine Trennung zwischen dem, was war, ist und sein wird. Alles ist Teil einer unendlichen

Symphonie, in der jeder Ton, jeder Klang für immer weiterklingt. Nichts wird ausgelöscht, denn alles, was existiert, ist ein Ausdruck des ewigen Seins.

Jedes Leben, jedes noch so kleine Detail unseres Daseins ist Teil des großen Ganzen. Die Vorstellung, dass nichts verloren geht, zeigt uns, dass unser Dasein nicht in der Vergänglichkeit endet, sondern Teil einer unendlichen Wahrheit ist. In diesem Wissen liegt nicht nur Trost, sondern auch die Einladung, unser Leben bewusst zu gestalten – im Einklang mit dem Göttlichen, das alles durchdringt.

„Nichts vergeht, nichts wird ausgelöscht. Alles, was war, ist und sein wird, lebt ewig im göttlichen Bewusstsein – die unendliche Wahrheit des Seins."

Moderne

In einer Welt, die zunehmend von wissenschaftlichem Fortschritt geprägt ist, erscheinen viele Erkenntnisse der modernen Physik und Neurowissenschaften zunächst skurril, fast paradox. Konzepte wie Quantenverschränkung, die Rolle des Beobachters in der Quantenphysik oder das Mysterium des Bewusstseins fordern unser Verständnis von Realität heraus. Doch diese scheinbaren Widersprüche gewinnen eine tiefere Bedeutung, wenn wir sie im Licht uralter Weisheiten betrachten – insbesondere der Gnosis, der hinduistischen Upanishaden und der Philosophie Arthur Schopenhauers.

Die Gnosis lehrt, dass die materielle Welt, wie wir sie erleben, nicht die ultimative Realität ist. Der Demiurg, die schöpferische Kraft dieser Welt, hat eine dualistische Ebene erschaffen, in der Licht und Dunkelheit, Freude und Leid, ständig miteinander ringen. Doch diese Welt, so unvollkommen sie scheint, ist nicht ohne Zweck. Sie dient als Bühne, auf der das wahre göttliche Bewusstsein, verborgen hinter dem Schleier der Maya, die Vielfalt des Seins erfahren kann.

Arthur Schopenhauer beschreibt den "Wille" als die unaufhörliche, blinde Triebkraft, die hinter allen Erscheinungen steht. Er sieht die Welt als Manifestation dieses Willens, geprägt von Leid, Wünschen und Konflikten. Doch wie die Gnosis betont auch Schopenhauer, dass die Befreiung von der Illusion der Trennung – vom unstillbaren Verlangen des Willens – der Schlüssel zur Erkenntnis ist. Seine Philosophie bildet damit eine Brücke zur spirituellen Praxis, die das Ziel hat, den Willen zu überwinden und die Einheit des Seins zu erfahren.

Die Upanishaden, ein Kernbestandteil des Hinduismus, gehen noch einen Schritt weiter: Sie erklären, dass Atman, das individuelle Selbst, in Wahrheit identisch mit Brahman ist – dem unendlichen, zeitlosen Bewusstsein.
Doch diese Einheit wird durch Maya verschleiert, die Illusion, die die Welt der Formen und Dualität erschafft. Maya lässt uns glauben, dass wir getrennte Wesen sind, obwohl wir in Wirklichkeit immer Teil des einen göttlichen Bewusstseins bleiben.

Viele der Erkenntnisse der modernen Wissenschaft scheinen diese uralten Einsichten zu bestätigen. Die Quantenphysik zeigt uns, dass der Beobachter die Realität beeinflusst und dass Teilchen auf tiefster Ebene miteinander verbunden sind, unabhängig von Raum und Zeit

– eine Analogie zur Einheit von Atman und Brahman.

Die Hirnforschung wirft Fragen auf, wie Bewusstsein entsteht, und kommt immer wieder zu der Einsicht, dass es nicht allein durch die Materie des Gehirns erklärbar ist.

Wenn wir die Perspektive der Upanishaden, der Gnosis und Schopenhauers einnehmen, wird klar: Diese "neuen" Erkenntnisse sind in Wirklichkeit nur die Wiederentdeckung einer uralten Wahrheit. Die Einheit von Wissenschaft und Spiritualität öffnet Türen zu einem neuen Verständnis der Realität. Doch wahres Wissen ist nicht nur theoretisch – es erfordert innere Erfahrung und Praxis.

- Meditation und Reflexion sind Wege, um die Illusion von Maya zu durchschauen und die Einheit von Atman und Brahman zu erfahren.

- Philosophische Auseinandersetzung mit Schopenhauers Werk und den Upanishaden kann helfen, die tiefere Bedeutung von Leid und Wille zu verstehen.

- Offenheit für Wissenschaft ermöglicht es, die spirituelle Weisheit im Licht moderner Erkenntnisse neu zu sehen und zu würdigen.

Die Wahrheit, die die Gnosis, Schopenhauer und die Upanishaden lehren, ist eine zeitlose:

Es gibt nur ein Bewusstsein, und alles, was wir erleben, ist ein Ausdruck davon. Die materielle Welt, die oft als Illusion oder Gefängnis wahrgenommen wird, ist in Wirklichkeit ein Werkzeug des göttlichen Plans – eine Möglichkeit, die Fülle des Seins zu erfahren.

Indem wir uns sowohl der Weisheit der Vergangenheit als auch den Erkenntnissen der Gegenwart öffnen, können wir einen tieferen Sinn in der Existenz finden. Alles ist eins, und die Reise durch Maya, durch Leid und Freude, ist letztlich die Reise zur Erkenntnis unserer wahren Natur: dem göttlichen Bewusstsein selbst.

Schlusswort

Die Reise durch dieses Buch mag an ihr Ende gekommen sein, doch die eigentliche Entdeckungsreise beginnt jetzt. Die Suche nach der Essenz unseres Daseins ist kein geradliniger Pfad, sondern ein immerwährender Kreis, der uns zurückführt zu dem, was wir im Kern schon immer waren: eins mit allem, was ist.

Dieses Werk wollte Ihnen nicht bloß Antworten geben, sondern vor allem die richtigen Fragen stellen:

> Wer sind Sie wirklich?
>
> Warum existieren wir?
>
> Und wie können wir die Illusion
> der Trennung durchbrechen?

Die Welt, die wir wahrnehmen, mag greifbar erscheinen, doch ihre wahre Natur liegt jenseits des Sichtbaren. Die Wahrheit ist keine Idee, die man verstehen kann, sondern eine lebendige Erfahrung, die durch Sie hindurch fließt. Sie ist kein ferner Stern am Horizont – sie ist das Licht, das in Ihrem Inneren leuchtet.

Mögen die Worte dieses Buches nicht nur Ihren Verstand berührt haben, sondern auch Ihr Herz geöffnet haben. Mögen sie Sie ermutigen, die

Grenzen des Bekannten zu überschreiten, alte Überzeugungen hinter sich zu lassen und die Wahrheit in jeder Facette des Lebens zu suchen. Das Leben ist kein Puzzle, das gelöst werden muss, sondern ein Tanz zwischen Fragen und Erkenntnissen. Es fordert uns auf, das Unbekannte zu umarmen und mit jedem Schritt zu wachsen. Die Antworten, die Sie suchen, liegen nicht in einem fernen Jenseits – sie waren immer in Ihnen.

Gehen Sie weiter, lassen Sie sich von den Fragen des Lebens leiten, und öffnen Sie die Türen zu neuen Einsichten. Die Wahrheit ist da, sie war es schon immer – sie wartet nur darauf, dass Sie sie mit offenen Augen und einem wachen Herzen erkennen.

„Die Wahrheit ist das Licht, das Sie durch die Dunkelheit führt – und zugleich die Wärme, die Sie trägt, wenn alles andere vergeht."

Weitere Bücher

1. Gedankarium: "Auserlesenes Gedankengut" (10in1 Kollektion)
2. Gedankarium Lite: "Gesellschafts u. Systemkritik"5+1 Edition (Band 1)
3. Gedankarium Lite: "Philosophie" 5+1 Edition (Band 2)
4. Verschwörungsbuch: Enthüllungen jenseits der offiziellen Geschichte
5. Pain: Wer bitte hat behauptet das Leben sei schön?
6. Verbum et Scriptura: Das Wort und die Schrift
7. Du bist nicht Du, wenn du wohlerzogen bist! Eine strikte Aufforderung dazu Du Selbst zu sein
8. Freigeist: Meinung frei schnauze
9. Demokratie? Eine Einführung der unterschiedlichen Herrschaftsvariationen
10. Dystopie Utopie: Schlimmer geht's immer, besser wird's nie!
11. Die höhere Erkenntnis: New Edition. (Sonderedition)
12. Das Handbuch der Welt: New Edition (Sonderedition)
13. SklavenLEBEN
14. Die Datenwelt Theorie 2.0